TO CRM

Διαχείριση πελατειακών σχέσεων

AF321968

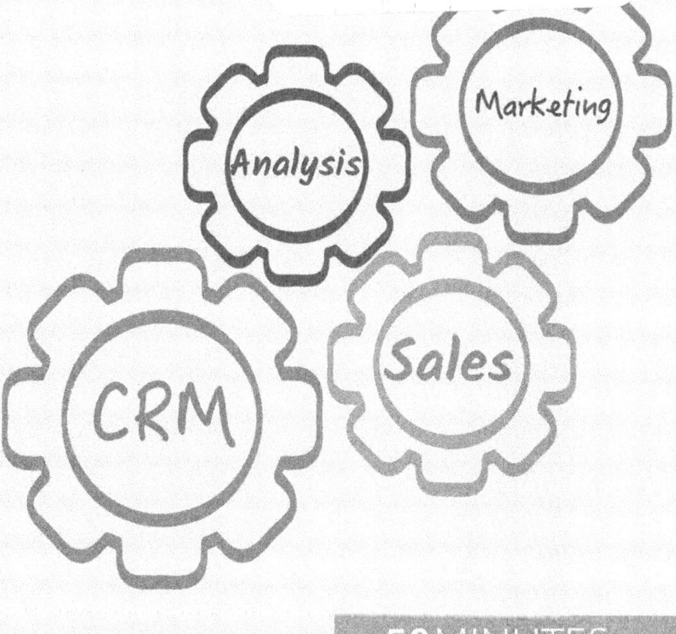

50MINUTES.com

TO CRM

Διαχείριση πελατειακών σχέσεων

γραμμένο από Antoine Delers
μεταφρασμένο από Lina Sideris

TO CRM

- **Ονόματα;** CRM (*διαχείριση πελατειακών σχέσεων*), GRC (διαχείριση πελατειακών σχέσεων).

- **Χρήσεις; Η** προσέγγιση CRM που χρησιμοποιείται στις εταιρείες έχει ως στόχο τη βελτιστοποίηση της εξυπηρέτησης πελατών, την ανάπτυξη της δύναμης πωλήσεων και την παροχή στατιστικών εργαλείων και εργαλείων παρακολούθησης πελατών για σκοπούς μάρκετινγκ και διαχείρισης δεδομένων.

- **Γιατί είναι τόσο αποτελεσματικό; Το** CRM επιτρέπει τη βελτίωση της ποιότητας των σχέσεων με τους πελάτες, την εξατομίκευση των προσφορών, την παρακολούθηση της σχέσης, τον εντοπισμό ευκαιριών και την πολυκαναλική επικοινωνία, περιορίζοντας παράλληλα την προσπάθεια από την πλευρά της εταιρείας – παρά τον μεγάλο αριθμό πελατών και υποψήφιων πελατών που πρέπει να διαχειριστεί – και εξασφαλίζοντας τη μετάδοση της γνώσης των πελατών εντός της εταιρείας.

- **Λέξεις-κλειδιά ?**

  - <u>Εξόρυξη δεδομένων</u>: ένα σύνολο εργαλείων και πρακτικών για τη στατιστική ανάλυση βάσεων δεδομένων, ιδίως βάσεων δεδομένων πελατών, που επιτρέπει τον εντοπισμό σημαντικών πληροφοριών που μπορούν να χρησιμοποιηθούν για την υλοποίηση δράσεων μάρκετινγκ ή άλλων ενεργειών.

- <u>Τμηματοποίηση πελατών</u>: διαχωρισμός και ταξινόμηση των πελατών σε ομοιογενείς, διακριτές, κερδοφόρες και προσιτές ομάδες.

- <u>Αφοσίωση</u>: όλες οι ενέργειες που είναι απαραίτητες για την τόνωση και τη διατήρηση της σχέσης με τον πελάτη.

- <u>Αναζήτηση</u>: αναζήτηση δυνητικών πελατών που ονομάζονται "υποψήφιοι πελάτες" με σκοπό τη μετατροπή τους σε καταναλωτές του προτεινόμενου αγαθού ή υπηρεσίας.

- <u>Φθορά</u>: απώλεια πελατών σε μια χρονική περίοδο, όπως μετράται με το ποσοστό φθοράς- το αντίθετο της διατήρησης, που είναι το ποσοστό των πελατών που διατηρούνται σε μια χρονική περίοδο.

- *Front-office*: σε αντίθεση με το *back-office*, το οποίο δεν είναι ορατό στον πελάτη, το *front-office* περιλαμβάνει τους ανθρώπινους και υλικούς πόρους που βρίσκονται σε άμεση επαφή με τον πελάτη.

- <u>Πολυκαναλικό</u>: χρήση πολλών μέσων επικοινωνίας μεταξύ της εταιρείας και του πελάτη, όπως οι άμεσες πωλήσεις, το τηλέφωνο, το Διαδίκτυο (κοινωνικά δίκτυα, ηλεκτρονικό ταχυδρομείο, chat, ιστοσελίδα και φόρμες της εταιρείας) κ.λπ.

- <u>KPIs (*Key Performance Indicators*) (*Βασικοί Δείκτες Απόδοσης*)</u>: οι βασικοί δείκτες απόδοσης που χρησιμοποιούνται σε πίνακες διαχείρισης είναι δείκτες καθοδήγησης και αποτελεσματικότητας που μετρούν τα αποτελέσματα μιας δραστηριότητας, όπως για παράδειγμα μιας εκστρατείας μάρκετινγκ.

- Μάρκετινγκ _"ένας προς έναν"_: ένα είδος δράσης μάρκετινγκ, σε αντίθεση με το μαζικό μάρκετινγκ, το οποίο επιχειρεί να επικοινωνήσει με κάθε πελάτη ξεχωριστά για να προσφέρει εξατομικευμένες υπηρεσίες.

- _Αξία χρόνου ζωής_: πρόβλεψη της παρούσας αξίας του καθαρού κέρδους που αναμένεται για έναν πελάτη κατά τη διάρκεια της σχέσης του με την εταιρεία.

Σύμφωνα με τον Ρίτσαρντ Μπράνσον (Βρετανός επιχειρηματίας και εμβληματικός ιδρυτής της Virgin, γεννημένος το 1950), τα δύο κλειδιά της επιτυχίας είναι: η πρόσληψη ταλαντούχων ανθρώπων και η προσεκτική ακρόαση του καταναλωτή. Το τελευταίο είναι το επίκεντρο αυτού του άρθρου, καθώς η ακρόαση του πελάτη συνδέεται στενά με αυτό.

ΟΡΙΣΜΟΣ ΤΟΥ ΜΟΝΤΕΛΟΥ

Το CRM αναφέρεται σε όλες τις στρατηγικές, τα εργαλεία και τις τεχνικές που χρησιμοποιούνται για την καταγραφή, τη διαχείριση και τον εμπλουτισμό των σχέσεων με τους πελάτες – υφιστάμενους και πρώην – και τους υποψήφιους πελάτες.

Έχει γίνει σχεδόν απαραίτητο στις περισσότερες μεγάλες εταιρείες και έχει τη μορφή ενός ομώνυμου πακέτου λογισμικού: το CRM. Επιτρέπει την τήρηση αξιόπιστου και ακριβούς αρχείου όλων των ανταλλαγών μεταξύ της εταιρείας και του πελάτη, το οποίο καθιστά δυνατή την εξατομίκευση των αλληλεπιδράσεων με σκοπό την ανάπτυξη της αφοσίωσης των πελατών ή μεταξύ της εταιρείας και των υποψήφιων πελατών, χάρη στα ενσωματωμένα εργαλεία τμηματοποίησης. Τέλος, μπορεί να χρησιμοποιηθεί για σκοπούς υποβολής εκθέσεων, για την εξαγωγή γενικών στατιστικών στοιχείων και άλλων βασικών αριθμοδεικτών (KPI).

Ένα από τα ενδιαφέροντα χαρακτηριστικά του CRM είναι ότι παραδοσιακά θεωρείται ως εργαλείο *του front-office*, σε αντίθεση με το *back-office*. Το *front office*, το οποίο στην επιχειρηματική ορολογία αντιστοιχεί στο "ορατό μέρος του παγόβουνου", αντιπροσωπεύει το τμήμα της εταιρείας που γνωρίζουν οι πελάτες: πωλητές, αντιπρόσωποι πωλήσεων, ταμίες, προσωπικό στον πάγκο κ.λπ. Το *back office* περιλαμβάνει όλα τα εργαλεία και τους πόρους (υλικούς και ανθρώπινους) μιας εταιρείας για τα οποία οι πελάτες δεν έχουν άμεση γνώση, όπως τα λογιστικά και οικονομικά τμήματα.

ΘΕΩΡΙΑ – ΕΙΣΑΓΩΓΗ ΣΤΗΝ ΕΝΝΟΙΑ ΤΟΥ CRM

Η ΠΡΟΕΛΕΥΣΗ

Οι ρίζες των σχέσεων με τους πελάτες ανάγονται στην αρχαιότητα: μόλις ήταν απαραίτητο να αναζητηθούν, να γίνουν πωλήσεις ή να παρασχεθεί εξυπηρέτηση μετά την πώληση, οι πρόγονοί μας χρησιμοποίησαν αυτή την έννοια, χωρίς να την έχουν ορίσει όπως είναι σήμερα. Μόνο με την ανάπτυξη των τεχνολογιών πληροφορικής και επικοινωνιών (ΤΠΕ) τη δεκαετία του 1990 ορίστηκε το CRM και τη δεκαετία του 2000 χρησιμοποιήθηκε στις επιχειρήσεις η στρατηγική εφαρμογή του, με τη μορφή του ομώνυμου λογισμικού. Ο αυξανόμενος ανταγωνισμός, το υψηλό κόστος της αναζήτησης νέων πελατών σε σύγκριση με το κόστος της ανάπτυξης της αφοσίωσης των πελατών και η μάζα των πελατών λόγω της εμφάνισης της καταναλωτικής κοινωνίας είναι στοιχεία που ενθάρρυναν αναπόφευκτα την ανάπτυξη της διαχείρισης των πελατειακών σχέσεων.

ΕΦΑΡΜΟΓΗ ΜΙΑΣ ΣΤΡΑΤΗΓΙΚΗΣ CRM ΣΤΗΝ ΕΤΑΙΡΕΙΑ ΣΑΣ

Η διαχείριση πελατειακών σχέσεων, που μερικές φορές αναφέρεται και ως "διαχείριση πελατειακών σχέσεων", είναι το σύνολο των τεχνικών και εργαλείων που χρησιμοποιούνται σε μια εταιρεία για τη διαχείριση της μάζας των πελατών προσφέροντάς τους εξατομικευμένες υπηρεσίες. Έτσι, η εταιρεία μπορεί να απευθύνεται προσωπικά σε κάθε πελάτη, εφόσον αυτός έχει αναγνωριστεί στο σύστημα και έχει αντιστοιχιστεί σε ένα συγκεκριμένο τμήμα. Η προσέγγιση CRM επιτρέπει τη βελτιστοποίηση της εξυπηρέτησης των πελατών και την ανάπτυξη της δύναμης πωλήσεων μιας εταιρείας, χάρη στα στατιστικά εργαλεία και τα εργαλεία παρακολούθησης των πελατών για σκοπούς διαχείρισης και μάρκετινγκ.

Πώς όμως εφαρμόζετε μια στρατηγική CRM; Με αρκετό χρόνο και πόρους, όλα είναι δυνατά!

 ΣΤΗΝ ΠΡΑΞΗ: ΤΟ CRM ΩΣ ΕΡΓΑΛΕΙΟ ΠΛΗΡΟΦΟΡΙΚΗΣ

Σήμερα, είναι σαφές ότι μια αποτελεσματική στρατηγική διαχείρισης των πελατειακών σχέσεων (αυτοματοποίηση των διαδικασιών τμηματοποίησης, αναζήτηση νέων πελατών, αφοσίωση και ανάλυση πελατών κ.λπ.) απαιτεί τη χρήση λογισμικού CRM.) απαιτεί τη χρήση λογισμικού CRM. Αυτό μπορεί να έχει τη μορφή μιας εφαρμογής λογισμικού προσβάσιμης στους σχετικούς σταθμούς εργασίας της εταιρείας, αλλά και τη μορφή ενός e-CRM (online CRM) ή ενός m-CRM (Mobile CRM προσαρμοσμένο σε tablets και smartphones).

Σήμερα κυκλοφορούν στην αγορά διάφορες λύσεις CRM, οι οποίες δημοσιεύονται από ομίλους πληροφορικής, όπως η Microsoft (Microsoft Dynamics CRM), η SAP (SAP CRM) και η Oracle (Oracle CRM). Οι εφαρμογές αυτές συνδέονται συχνά με το ERP (*Enterprise Resource Planning*)

ΚΑΤΑΝΟΗΣΗ ΚΑΙ ΕΝΙΣΧΥΣΗ ΤΩΝ ΣΧΕΣΕΩΝ ΜΕ ΤΟΥΣ ΠΕΛΑΤΕΣ

Τμηματοποίηση και αναζήτηση νέων πελατών

Η τμηματοποίηση πελατών ή "τμηματοποίηση μάρκετινγκ" καθιστά δυνατή την οργάνωση των υφιστάμενων ή δυνητικών πελατών σε ομοιογενείς, διακριτές ομάδες, στις οποίες μπορεί να απευθυνθεί ένα προσαρμοσμένο και αποτελεσματικό μήνυμα. Οι καταναλωτές στο ίδιο τμήμα πρέπει να έχουν κοινά χαρακτηριστικά. Ανάλογα με το αν η πελατειακή βάση είναι B-to-B (*Business to Business*) ή B-to-C (*Business to Consumer*), θα πρέπει να επιλέγονται ορισμένοι τύποι κριτηρίων για την τμηματοποίηση:

- γεωγραφικές μεταβλητές (χώρα, περιοχή ή τόπος),

- εταιριογραφικές μεταβλητές (τομέας δραστηριότητας, κύκλος εργασιών, αριθμός εργαζομένων κ.λπ.),

- κοινωνικοδημογραφικές μεταβλητές (ηλικία, φύλο, αριθμός παιδιών, κύκλος ζωής κ.λπ.),

- μεταβλητές συμπεριφοράς (επιδιωκόμενα οφέλη, επισκέψεις σε καταστήματα, αγορά προϊόντων, χρήση προϊόντων, αφοσίωση κ.λπ.)) ;

- κοινωνικοοικονομικές μεταβλητές (επάγγελμα, επίπεδο εισοδήματος κ.λπ.),

- ψυχογραφικές μεταβλητές (τρόπος ζωής, αξίες, προσωπικότητα κ.λπ.).

Κάθε ομάδα είναι μοναδική και δεν μπορεί να μοιάζει με άλλα τμήματα, δηλαδή δεν πρέπει να συγχέεται με κανένα άλλο. Είναι απαραίτητο να είναι σε θέση να απευθυνθεί και να προσεγγίσει κάθε μέλος μιας ομάδας μέσω της παράδοσης ενός μοναδικού τύπου λόγου (π.χ. μιας εκστρατείας μάρκετινγκ) που είναι κατανοητός σε όλα τα άτομα της ομάδας. Το τμήμα πρέπει να έχει επαρκές μέγεθος ώστε να είναι κερδοφόρο και να δικαιολογεί μια συγκεκριμένη στρατηγική προσέγγιση. Τέλος, πρέπει να είναι μετρήσιμο και λειτουργικό, καθώς είναι σημαντικό να μπορεί να προσδιοριστεί ο αριθμός των πελατών στο τμήμα και να κατανεμηθεί ένας συγκεκριμένος τύπος πελάτη σε ένα συγκεκριμένο τμήμα βάσει καθορισμένων κριτηρίων.

Μόλις γίνει η τμηματοποίηση, μπορεί να γίνει η στόχευση και η αναζήτηση νέων πελατών. Ανάλογα με την περίπτωση, ο αριθμός των τμηματοποιημένων ομάδων καταναλωτών ποικίλλει: προφανώς δεν είναι χρήσιμο να ασχοληθείτε με όλες τις ομάδες που έχουν οριστεί. Στην πραγματικότητα, η τμηματοποίηση θα επιτρέψει τον διαχωρισμό ομάδων δυνητικών πελατών από τη μία πλευρά και εκείνων που δεν είναι πιθανό να γίνουν πελάτες μια μέρα από την άλλη. Η επιλογή της εστίασης σε ένα από τα τμήματα των καταναλωτών είναι γνωστή στην επιχειρηματική ορολογία ως "στόχευση". Όσο πιο ακριβής είναι η στόχευση, τόσο πιο αποτελεσματική είναι η φάση αναζήτησης.

Διατήρηση πελατών

Η δεύτερη προσέγγιση στη διαχείριση των πελατειακών σχέσεων είναι η διατήρηση των πελατών. Λέγεται συχνά ότι η διατήρηση ενός πελάτη κοστίζει πέντε φορές λιγότερο από τη μετατροπή νέων πελατών. Ακολουθώντας αυτή τη λογική, είναι προς το συμφέρον μιας εταιρείας να περιποιείται τους σημαντικότερους πελάτες της. Αφενός, η αφοσίωση αυξάνει τα κέρδη και, αφετέρου, ενισχύει τη θέση της επιχείρησης στην αγορά.

Η αφοσίωση μπορεί να εξηγηθεί σύμφωνα με τον ακόλουθο κύκλο: μόλις δημιουργηθεί η πρώτη επαφή μεταξύ της εταιρείας και του πελάτη, μπορεί να γίνει πώληση. Εάν αυτό συμβαίνει, τότε είναι το σημείο στο οποίο ο πελάτης γίνεται "πελάτης" και αρχίζει να διαμορφώνει γνώμη για τη σχέση μεταξύ αυτού και του πωλητή. Ακολουθεί η χρήση του προϊόντος/εμπειρία της ίδιας της υπηρεσίας και η εξυπηρέτηση μετά την πώληση, η οποία περιλαμβάνει όλες τις εργασίες που αφορούν την επίλυση των προβλημάτων που αντιμετωπίζουν οι πελάτες, την πρόταση νέων προϊόντων κ.λπ. Συνεπώς, η ικανοποίηση του πελάτη πρέπει να βρίσκεται στο επίκεντρο της προσοχής καθ' όλη τη διάρκεια της διαδικασίας αφοσίωσης, προκειμένου να ενεργοποιηθεί ένας κύκλος πωλήσεων.

Τέλος, είναι σημαντικό να μετράται και να γνωρίζει κανείς το επίπεδο αφοσίωσης των πελατών. Αν και δυστυχώς δεν υπάρχει κάποιο ποσοστό που να συνδέεται άμεσα με αυτό, η ανάλυση μερικών δεικτών απόδοσης μπορεί να δώσει μια καλή εκτίμηση. Αυτές περιλαμβάνουν το ποσοστό διατήρησης (αριθμός πελατών που διατηρούνται σε σχέση με το σύνολο των πελατών που αποκτήθηκαν κατά τη διάρκεια ενός έτους) και το NPS (*Net Promoter* Score), το οποίο αναφέρει τις βαθμολογίες (από το 1 έως το 10) που δίνουν οι πελάτες στις εταιρείες. Μια βαθμολογία από 0 έως 6 τοποθετεί τις εταιρείες στην κατηγορία των "αρνητών", 7 έως 8 στην κατηγορία των "ουδέτερων" και τέλος 9 έως 10 στην κατηγορία των "πρεσβευτών". Πρέπει να σημειωθεί ότι, εκτός από τις ποσοτικές έννοιες, η αφοσίωση μπορεί να υπολογιστεί και με ποιοτικούς όρους. Ωστόσο, η σύγκριση των αποτελεσμάτων είναι λιγότερο προφανής και είναι λιγότερο ακριβή.

Αναφορά

Τέλος, η τρίτη προσέγγιση για τη διαχείριση των πελατειακών σχέσεων είναι η στατιστική. Τα εργαλεία CRM επιτρέπουν τη χρήση των δεδομένων των πελατών για την εξαγωγή KPIs και τον υπολογισμό διαφόρων στατιστικών στοιχείων σχετικά με εκστρατείες μάρκετινγκ, πωλήσεις προϊόντων κ.λπ. Οι βασικοί δείκτες περιλαμβάνουν

- **το ποσοστό ανταπόκρισης,** δηλαδή ο αριθμός των ατόμων που ανταποκρίθηκαν στην προσφορά πωλήσεων μιας εταιρείας. Μπορεί να υπολογιστεί, για παράδειγμα, μέσω ενός απαντητικού κουπονιού που χρησιμοποιεί ο πελάτης ή μέσω ενός κωδικού προώθησης που είναι κωδικοποιημένος σε ένα σύστημα,

- **το ποσοστό μετατροπής,** δηλαδή τον αριθμό των υποψήφιων πελατών που γίνονται πελάτες κατά τη διάρκεια μιας δεδομένης περιόδου,

- **Ποσοστό διατήρησης, το οποίο είναι** ο αριθμός των πελατών που διατηρήθηκαν κατά τη διάρκεια μιας χρονικής περιόδου σε σχέση με τους νέους πελάτες που μετατράπηκαν κατά την ίδια περίοδο. Αντιδιαστέλλεται από το ποσοστό φθοράς, το οποίο είναι ο αριθμός των πελατών που χάνονται,

- **Το ποσοστό ικανοποίησης,** ένα μέτρο της ικανοποίησης των υφιστάμενων πελατών, το οποίο μπορεί να συμπληρωθεί από το *Net Promoter Score* (NPS),

- **το ποσοστό *παραπόνων ανά πελάτη, δηλαδή** ο αριθμός των παραπόνων που καταγράφηκαν κατά τη διάρκεια μιας καθορισμένης χρονικής περιόδου σε σχέση με τη συνολική πελατειακή βάση,

- **την απόδοση της επένδυσης (ROI),** δηλαδή τον κύκλο εργασιών που προκύπτει μετά από μια εκστρατεία μάρκετινγκ ή την κυκλοφορία ενός νέου προϊόντος,

- **το κόστος απόκτησης ενός νέου πελάτη, δηλαδή** το κόστος μετατροπής και συνεπώς απόκτησης ενός νέου πελάτη. Μπορεί να υπολογιστεί από τον προϋπολογισμό που επενδύεται σε μια εκστρατεία μάρκετινγκ,

- **την καθαρή παρούσα αξία του πελάτη, η οποία** είναι η παρούσα αξία των μελλοντικών κερδών που μπορεί να αναμένει μια εταιρεία ανά πελάτη.

Η καλή διαχείριση των πελατειακών σχέσεων συμβαδίζει με την αποτελεσματική χρήση της *εξόρυξης δεδομένων*, όρος που συγκεντρώνει όλα τα εργαλεία και τις τεχνικές που καθιστούν δυνατή την εξαγωγή σημαντικών δεδομένων, συμπεριλαμβανομένων των συσχετίσεων μεταξύ των μεταβλητών που περιγράφονται ανωτέρω. Η προσέγγιση αυτή υιοθετείται, για παράδειγμα, από τα πιστωτικά ιδρύματα, τα οποία εφαρμόζουν το λεγόμενο *Credit Scoring*, δηλαδή τον υπολογισμό του κινδύνου που συνδέεται με έναν πελάτη που επιθυμεί να δανειστεί.

 ## ΠΙΣΤΩΤΙΚΗ ΒΑΘΜΟΛΟΓΗΣΗ

Η πρακτική αυτή βασίζεται στην πραγματικότητα στην εμπειρική μελέτη των προηγούμενων δανείων που χορηγήθηκαν από τον οργανισμό. Εξετάζοντας το ποσοστό αποπληρωμής των δανείων σε σχέση με τα χαρακτηριστικά των πρώην δικαιούχων των χορηγηθέντων δανείων (όπως ο μισθός) – χαρακτηριστικά που υπάρχουν και στους νέους αιτούντες δάνεια – ο τραπεζικός οργανισμός είναι σε θέση να ερμηνεύσει τα δεδομένα που έχει στη διάθεσή του: με αυτόν τον τρόπο μπορεί να προβλέψει καλύτερα τον κίνδυνο μη αποπληρωμής που συνδέεται με αυτούς τους αιτούντες.

Η εξόρυξη δεδομένων είναι επίσης πολύ χρήσιμη για την εξαγωγή προτύπων κατανάλωσης. Ο στόχος εδώ είναι να προσδιοριστούν τα προϊόντα που πρέπει να προσφερθούν σε ένα συγκεκριμένο τύπο νοικοκυριού ανάλογα με την αγοραστική του συμπεριφορά. Για παράδειγμα, ορισμένα σούπερ μάρκετ χρησιμοποιούν τις κάρτες πιστότητας των πελατών για να ανακαλύψουν τις καταναλωτικές τους συνήθειες και να τους προσφέρουν τα κατάλληλα προϊόντα. Για παράδειγμα, ένας πελάτης που του αρέσει η σοκολάτα και τα γλυκά θα λάβει έναν κατάλογο με μια προσφορά για σοκολάτες στην πρώτη σελίδα, ενώ ο γείτονάς του, που τείνει να τρώει λαχανικά, θα λάβει μια αστραπιαία προσφορά για κολοκυθάκια και πατάτες. Στην πραγματικότητα, καθένας από αυτούς τους ανθρώπους ανήκει σε ένα συγκεκριμένο τμήμα, οπότε η επικοινωνία προσαρμόζεται στις ομάδες για να στοχεύει καλύτερα στις ανάγκες τους. Με την αποτελεσματική διαχείριση των δεδομένων των πελατών, οι αλυσίδες σούπερ μάρκετ μπορούν να παράγουν ένα σύνολο φυλλαδίων που να ανταποκρίνονται στις προσδοκίες των διαφόρων τμημάτων και να τους στέλνουν έτσι εξατομικευμένες προσφορές.

 ## Ο ΘΡΥΛΟΣ ΤΟΥ ΑΓΩΝΙΣΤΙΚΟΥ ΚΑΛΑΘΙΟΥ

Γνωρίζατε ότι, αναλύοντας τα καλάθια αγορών των πελατών της, μια μεγάλη αμερικανική αλυσίδα λιανικής πώλησης ανακάλυψε μια ισχυρή συσχέτιση μεταξύ των συσκευασιών μπύρας και των παιδικών πάνες; Φαίνεται ότι τα Σάββατα, όταν οι μητέρες μένουν στο σπίτι για να προσέχουν τα μικρά παιδιά τους, οι πατέρες πηγαίνουν για ψώνια για πάνες και εκμεταλλεύονται την ευκαιρία για να αγοράσουν ποτά για να πιουν το βράδυ. Έχοντας παρατηρήσει αυτή την αγοραστική συμπεριφορά, η διοίκηση της αλυσίδας σούπερ μάρκετ αποφάσισε να τοποθετήσει τις πάνες στο ίδιο τμήμα με τις μπύρες. Με αυτή τη στρατηγική πωλήσεων που βασίζεται στην *εξόρυξη δεδομένων*, η εταιρεία σκοπεύει να αυξήσει εύκολα τις πωλήσεις της.

ΟΦΕΛΗ ΤΗΣ ΠΡΟΣΕΓΓΙΣΗΣ CRM

Υπάρχουν πολλά πλεονεκτήματα στη χρήση ενός εργαλείου CRM, τα κυριότερα από τα οποία είναι τα εξής

Κεντρικοποίηση και διάδοση των δεδομένων των πελατών εντός της εταιρείας

- Το CRM επιτρέπει την παρακολούθηση των σχέσεων (B-to-B ή B-to-C) και την αποθήκευση του ιστορικού των ανταλλαγών με έναν πελάτη/προμηθευτή. Επιπλέον, καθιστώντας το CRM προσβάσιμο σε όλους στην εταιρεία, κάθε εργαζόμενος, από τις πωλήσεις μέχρι το τμήμα τιμολόγησης, μπορεί να έχει εύκολη πρόσβαση στα δεδομένα αυτά.

- Επιτρέπει τη βελτιστοποιημένη και δομημένη διαχείριση μιας πολύ μεγάλης μάζας πελατών, πρώην πελατών και υποψήφιων πελατών, ενώ παράλληλα συνεχίζει να προσφέρει εξατομικευμένες υπηρεσίες σύμφωνα με τα τμήματα που ορίζονται μέσω της ανάλυσης δεδομένων. Χωρίς ένα τέτοιο εργαλείο, και αν δεν γνωρίζετε κάθε πελάτη προσωπικά, θα ήταν αδύνατο να απευθυνθείτε σε κάθε καταναλωτή σαν να ήταν μοναδικός.

Βελτιστοποίηση του κύκλου ζωής του πελάτη – Μεταξύ απόκτησης και διατήρησης

- Το CRM επιτρέπει επίσης την παθητική παρακολούθηση της αξίας ενός πελάτη. Εάν ένας πελάτης δεν έχει χρησιμοποιήσει την υπηρεσία για κάποιο χρονικό διάστημα, μπορεί να ενεργοποιηθεί μια ειδοποίηση, ώστε να έρθει ένας αντιπρόσωπος πωλήσεων και να αναλάβει την επιχείρηση για να επανεκκινήσει ή να ξανακερδίσει τον πελάτη (παραδίδοντας την υπηρεσία στους συναδέλφους του με απόλυτη ηρεμία). Το σύστημα αυτό διασφαλίζει τη συνέχεια των υπηρεσιών. Να θυμάστε ότι ο στόχος είναι να επαναφέρετε τους πελάτες στον βρόχο της αγοράς όσο το δυνατόν περισσότερο.

- Διευκολύνει την πρόβλεψη των αναγκών και των προσδο-κιών των πελατών. Έτσι, η παρατήρηση του κύκλου του πελάτη μπορεί να αναδείξει ευκαιρίες για *cross-selling* (πώληση ενός προϊόντος από άλλη κατηγορία) και *up-selling* (πώληση ενός προϊόντος από την ίδια κατηγορία αλλά υψη-λότερου επιπέδου).

Σχέση *win-win* χάρη στις εξατομικευμένες προσφορές

- Με την ανάλυση των δεδομένων που περιέχονται στο σύστημα CRM, η εταιρεία κατανοεί καλύτερα τις ανάγκες και την αγοραστική συμπεριφορά των πελατών της και προσαρμόζει έτσι την προσφορά της (από το προϊόν, μέσω του καναλιού διανομής έως τη στοχευμένη επικοινωνία). Με αυτόν τον τρόπο, αυξάνει την απόδοσή της, καθώς ο πελάτης εκτιμά την εξατομικευμένη εξυπηρέτηση, η οποία θα τον ενθαρρύνει να επαναλάβει την εμπειρία της κατανάλωσης.

ΓΙΑ ΚΑΛΗ ΔΙΑΧΕΙΡΙΣΗ ΤΩΝ ΠΕΛΑΤΕΙΑΚΩΝ ΣΧΕΣΕΩΝ

ΤΑ ΒΗΜΑΤΑ

Βήμα 1 – Τμηματοποίηση πελατών

Προκειμένου να οργανώσει τη στρατηγική της με τον καλύτερο δυνατό τρόπο, η εταιρεία θα φροντίσει να χωρίσει τους πελάτες της σε διακριτές ομάδες, τμήματα. Από την άποψη αυτή, υπάρχουν διάφοροι τρόποι λειτουργίας (μη εξαντλητικός κατάλογος).

- **Η τμηματοποίηση RFM (Recency, Frequency, Amount)** τεμαχίζει όλους τους πελάτες σύμφωνα με τις αγοραστικές τους συνήθειες για μια δεδομένη περίοδο.

    ○ Πότε ήταν η τελευταία τους αγορά;

    ○ Πόσο συχνά αγοράζουν;

    ○ Πόσο ήταν το ποσό;

Η μέθοδος αυτή λαμβάνει υπόψη τις διαφορετικές τάξεις των πελατών ανάλογα με την αξία του καλαθιού αγορών τους: οι μεγαλύτεροι καταναλωτές πρέπει να χαϊδεύονται και να ευνοούνται, εκείνοι των οποίων οι αγορές είναι μικτές πρέπει να παρακολουθούνται και να ενθαρρύνονται να ανεβαίνουν στην επόμενη κατηγορία, ενώ μπορεί να αξίζει τον κόπο να παρακολουθούνται πρώην πελάτες για να προσπαθήσουν να τους ξανακερδίσουν.

- **Η γεωγραφική τμηματοποίηση** ορίζει μια γεωγραφική περιοχή (που στην περίπτωση ενός καταστήματος καλείται "περιοχή εξυπηρέτησης") η οποία περιλαμβάνει ένα σύνολο δυνητικών πελατών. Για να γίνει αυτό, μια μελέτη των υφιστάμενων πελατών, χάρη στον ταχυδρομικό τους κώδικα για παράδειγμα, καθιστά δυνατή την οριοθέτηση της περιοχής από την οποία προέρχονται οι περισσότεροι από αυτούς. Στη συνέχεια, η εταιρεία πρέπει απλώς να επικεντρώσει τις προσπάθειές της για έρευνα πελατών σε αυτόν τον τομέα για να βρει νέες επιχειρήσεις.

- **Τμηματοποίηση σύμφωνα με την αναλογία Pareto**. Δεδομένου ότι, σύμφωνα με την αρχή αυτή, το 20% των πελατών παράγει το 80% του κύκλου εργασιών, φαίνεται εξαιρετικά σημαντικό – όπως συμβαίνει με την τμηματοποίηση RFM – να εφαρμόζονται στρατηγικές προσαρμοσμένες σε κάθε τμηματοποιημένη ομάδα, όσον αφορά τον βαθμό ανάγκης για αφοσίωση των πελατών.

👁 ΤΙ ΕΙΝΑΙ Η ΑΡΧΗ ΤΟΥ ΠΑΡΕΤΟ;

Η αρχή Παρέτο ή ο νόμος 80/20 είναι μια αναλυτική αρχή που θεσπίστηκε από τον Ιταλό οικονομολόγο Vilfredo Pareto (1848-1923), σύμφωνα με την οποία το 20% των αιτιών δημιουργεί το 80% των συνεπειών. Η αναλογία αυτή έχει κάποια απήχηση στους περισσότερους τομείς της οικονομίας.

Σημειώστε ότι υπάρχουν και άλλες δυνατότητες τμηματοποί-
ησης, η επιλογή των οποίων εξαρτάται από το είδος της επι-
χείρησης που μελετάται. Για παράδειγμα, η τμηματοποίηση
με βάση το μέγεθος και το βάρος των πελατών είναι χρήσιμη
για τον τομέα των έτοιμων ενδυμάτων, ενώ η τμηματοποίηση
με βάση την ηλικία είναι πιο σημαντική για τον τομέα της
αναψυχής.

Βήμα 2 – Επικοινωνία με τον πελάτη

Αφού στοχευθούν οι δυνητικοί πελάτες μέσω της τμηματο-
ποίησης, είναι απαραίτητο να σχεδιαστεί ένας κατάλληλος
λόγος, ώστε ο καθένας από αυτούς να αισθάνεται μοναδικός
και να ακούγεται. Αυτό είναι ένα από τα πιο σημαντικά
σημεία στη διαχείριση των πελατειακών σχέσεων, καθώς οι
πελάτες γίνονται όλο και πιο πολυάριθμοι και απαιτητικοί. Η
στρατηγική για την οικοδόμηση των σχέσεων με τους πελάτες
περιλαμβάνει, επομένως, την προσφορά και τη χρήση όλων
των δυνατών μέσων επικοινωνίας, ώστε να δίνεται στον
πελάτη η δυνατότητα να επικοινωνεί με την εταιρεία όποτε
και όπως επιθυμεί, για οποιονδήποτε λόγο (πρόβλημα, αίτηση
για πληροφορίες, αγορά ή παράπονο). Αυτά τα κύρια μέσα
επικοινωνίας είναι τα εξής:

- το Διαδίκτυο, μέσω e-mail, κοινωνικών δικτύων, φόρουμ,
  συνομιλιών σε ιστότοπους, φορμών συμπλήρωσης,

- κινητά εργαλεία, όπως tablets και smartphones, μέσω SMS
  ή εφαρμογών,

- πρόσωπο με πρόσωπο, μέσω πωλητή ή αντιπροσώπου
  πωλήσεων,

- ταχυδρομικώς,

- fax ,

- κ.λπ.

ΣΤΡΑΤΗΓΙΚΕΣ ΕΠΙΚΟΙΝΩΝΙΑΣ

Υπάρχουν τέσσερις διαφορετικές στρατηγικές επικοινωνίας μάρκετινγκ για την προσέγγιση του πελάτη.

- **Το μαζικό μάρκετινγκ** είναι η πιο κοινή στρατηγική: απευθύνεται σε όλους τους καταναλωτές χωρίς να τους διαφοροποιεί.

- **Το διαφοροποιημένο μάρκετινγκ** τμηματοποιεί τους πελάτες σε διαφορετικές ομάδες: επικοινωνεί με κάθε ομάδα με διαφορετικό τρόπο.

- **Το συγκεντρωτικό μάρκετινγκ** επικεντρώνεται σε μικρά τμήματα της αγοράς.

- **Το μάρκετινγκ "ένας προς έναν"** (στις περισσότερες περιπτώσεις *"ένας προς λίγους"*) αντιμετωπίζει κάθε καταναλωτή σε ατομική και εξατομικευμένη βάση.

Στάδιο 3 – Διατήρηση

Όταν ένας πελάτης αγοράζει ένα προϊόν ή μια υπηρεσία, πρέπει να γίνουν τα πάντα για να τον ενθαρρύνουμε να επιστρέψει και να επαναλάβει την αγορά του. Για να εξασφαλιστεί η αποτελεσματική προσέλκυση του καταναλωτή, η τεχνική της εξατομικευμένης προσφοράς μπορεί να αποδειχθεί καθοριστική. Εστιάζοντας στην ικανοποίηση των πελατών, αυτή η προληπτική προσέγγιση επιδιώκει σιωπηρά την οικοδόμηση της αφοσίωσης των πελατών. Στο ίδιο πνεύμα, η εταιρεία μπορεί να αποφασίσει να δημιουργήσει ένα πρόγραμμα διαχείρισης ερωτήσεων και παραπόνων, ένα σύστημα αυτόματης υπενθύμισης για πρώην πελάτες που δεν έχουν καταναλώσει για μεγάλο χρονικό διάστημα ή ένα πρόγραμμα πιστότητας "μπόνους", το οποίο χορηγεί εκπτώσεις για αγορές άνω ενός συγκεκριμένου ποσού.

Υπάρχουν πολλά εργαλεία διαθέσιμα στους αντιπροσώπους πωλήσεων και το προσωπικό πωλήσεων για να διευκολύνουν αυτή την αφοσίωση και να οικοδομήσουν σχέσεις με τους πελάτες. Ακολουθούν τα πιο σημαντικά:

- τον ιστότοπο, ο οποίος παρέχει πρόσθετες πληροφορίες για ολόκληρο τον κατάλογο προϊόντων,

- το ενημερωτικό δελτίο, το οποίο υπενθυμίζει στον πελάτη τη μάρκα και επισημαίνει τις τρέχουσες προσφορές,

- προσκλήσεις σε εμπορικές εκθέσεις ή εκδηλώσεις αποκλειστικών πωλήσεων, προκειμένου να δημιουργηθεί άμεση επαφή με τον πελάτη και να συλλεχθούν τα στοιχεία του,

- δημόσιες σχέσεις ,

- εξατομικευμένες προσφορές ή κουπόνια,

- δωρεάν δείγματα,

- τηλεφωνικές επαφές ,

- κάρτες επιβράβευσης ,

- υποστήριξη ή εξυπηρέτηση μετά την πώληση,

- κ.λπ.

Μεταξύ των εργαλείων, το λογισμικό CRM είναι μακράν το πιο αποτελεσματικό, καθώς συνδυάζει πολλά από τα εργαλεία που αναφέρονται.

Είναι σημαντικό να σημειωθεί στο σημείο αυτό ότι τα μέσα επικοινωνίας εξαρτώνται επίσης από τον κλάδο και το είδος του προϊόντος κάθε εταιρείας. Ένα προϊόν με υψηλή τεχνολογική αξία, όπως ένας τρισδιάστατος εκτυπωτής για τις βιομηχανίες, θα απαιτήσει προσωπική επικοινωνία, καθώς οι ιδιαιτερότητες του προϊόντος μπορεί να είναι πολύπλοκες για να εξηγηθούν και να εφαρμοστούν, ενώ οποιοδήποτε αντικείμενο μπορεί εύκολα να προωθηθεί στο Διαδίκτυο χωρίς την παρέμβαση ενός μεσάζοντα ή συμβούλου.

ΣΥΣΤΑΣΕΙΣ

- Βεβαιωθείτε ότι οι πληροφορίες για τους πελάτες σας στη βάση δεδομένων σας ενημερώνονται συνεχώς, ώστε να μπορούν να χρησιμοποιηθούν ανά πάσα στιγμή. Προτού αναλάβετε μια προσέγγιση CRM, βεβαιωθείτε ότι η βάση δεδομένων σας είναι καθαρή και καλής ποιότητας (προσέξτε τα αντίγραφα και τα σφάλματα κωδικοποίησης).

- Θα πρέπει επίσης να διασφαλίσετε την προστασία των προσωπικών δεδομένων των πελατών σας, καθώς αυτοί έχουν δικαιώματα που η εταιρεία πρέπει να σέβεται. Αυτά περιλαμβάνουν το δικαίωμα πρόσβασης, τροποποίησης και διαγραφής δεδομένων. Επίσης, η εταιρεία δεν μπορεί να αποκαλύψει τα δεδομένα αυτά χωρίς τη ρητή συγκατάθεση του πελάτη.

- Μην τμηματοποιείτε υπερβολικά την πελατειακή σας βάση, καθώς οι ομάδες που ορίζονται πρέπει να παραμείνουν λειτουργικές (δηλαδή να μπορούν να χρησιμοποιηθούν από την εταιρεία). Να θυμάστε ότι οι ομάδες τμηματοποίησης πρέπει να είναι ομοιογενείς, προσβάσιμες και διακριτές μεταξύ τους.

- Μην ξεχνάτε να μετράτε τις προσπάθειές σας σε μια στρατηγική CRM, με βάση τα δεδομένα που διαθέτετε.

- Εφαρμόστε την πολυκαναλική επικοινωνία – και αποφύγετε την προτίμηση ενός συγκεκριμένου μέσου – για να αφήσετε τον πελάτη να επιλέξει τον τρόπο επικοινωνίας με την εταιρεία.

- Αποπλανήστε τον καταναλωτή απαλά, δηλαδή μην τον κυνηγάτε, κινδυνεύετε να τον χάσετε. Να θυμάστε ότι η αφοσίωση κοστίζει λιγότερο από την απόκτηση νέων πελατών.

ΜΕΛΕΤΗ ΠΕΡΙΠΤΩΣΗΣ

Παράδειγμα 1 – Κινητές τηλεπικοινωνίες, μια περιγραφική τμηματοποίηση

Το πρώτο μας παράδειγμα αφορά μια εταιρεία τηλεπικοινωνιών, την Mobile Telecom, η οποία θέλει να αυξήσει τον κύκλο εργασιών της διατηρώντας τους υπάρχοντες πελάτες της. Για το σκοπό αυτό, τους προσφέρει τηλεφωνικά πακέτα προσαρμοσμένα στην κατανάλωσή τους. Αφού συλλέξει τα δεδομένα συμπεριφοράς της ομάδας-στόχου της, η ομάδα μάρκετινγκ είναι σε θέση να καταρτίσει έναν συγκεντρωτικό πίνακα.

Ο πίνακας συγκρίνει τους πελάτες (από το Α έως το Ι) των οποίων ο αριθμός των κλήσεων που πραγματοποιήθηκαν και των μηνυμάτων που στάλθηκαν κατά τη διάρκεια ενός μήνα είναι γνωστός. Για τους πιο οπτικούς από εμάς, εδώ είναι η γραφική εκδοχή του ίδιου πίνακα: αποκαλύπτει νέφη σημείων που σχηματίζουν κατηγορίες πελατών.

Από αυτή την άποψη, γίνεται εύκολη η διάκριση μεταξύ διαφορετικών προφίλ πελατών και η οριοθέτηση τμημάτων. Κάποιοι καταναλώνουν πολύ λίγα SMS και κλήσεις, άλλοι λίγο και από τα δύο ή μόνο ένα από τα δύο, και τέλος οι τελευταίοι παρουσιάζουν την καλύτερη κατανάλωση. Συνεπώς, η επικοινωνία και οι προσφορές προς αυτούς τους πελάτες διαφέρουν σημαντικά ανάλογα με τον τύπο τους.

- **Οι πελάτες Γ και Ι** καταναλώνουν ελάχιστη ή καθόλου επικοινωνία. Όταν έχουν να κάνουν με τέτοιους ανθρώπους, οι έμποροι μπορεί να αποφασίσουν να :

    ○ να κάνουμε ό,τι είναι δυνατόν για να τους ανεβάσουμε στην επόμενη κατηγορία,

    ○ να τα αφήσετε εκτός (πράγμα που συμβαίνει συνήθως), καθώς είναι απίθανο να αποφέρουν ποτέ κέρδος στην εταιρεία.

- **Οι πελάτες Β και ΣΤ** ανήκουν στην ομάδα με τον μεγαλύτερο αριθμό καταναλωτών. Καθώς δεν έχουν καταναλωτικές προτιμήσεις, αυτοί οι "μέσοι" πελάτες δημιουργούν σταθερό εισόδημα. Στόχος του προσωπικού πωλήσεων είναι να τους κρατήσει απολύτως ως πελάτες προσφέροντάς τους περιστασιακές πρόσθετες προσφορές για να τους κάνει να μοιάζουν με τους πελάτες Ε και Ι.

- **Οι πελάτες D/H και A/G** χρησιμοποιούν κυρίως είτε γραπτά μηνύματα είτε κλήσεις, πιθανώς λόγω προτίμησης. Επομένως, είναι ενδιαφέρον να τους προσφέρεται ένα περιορισμένο πακέτο, συνδυάζοντας για παράδειγμα το αγαπημένο τους είδος κατανάλωσης με το άλλο σε χαμηλότερη τιμή. Η στρατηγική αυτή μπορεί να διευρύνει το φάσμα των προϊόντων που πωλούνται και να μετατρέψει ορισμένους από αυτούς τους πελάτες σε πολύ καλούς καταναλωτές.

- **Οι πελάτες Ε και J** είναι οι καλύτεροι πελάτες. Είναι σημαντικό να τους κρατήσετε πάση θυσία, ώστε να μην μετακινηθούν στον ανταγωνισμό, προσφέροντάς τους όλο και πιο συμφέρουσες και εξατομικευμένες προσφορές: προνομιακά τιμολόγια, ένα σύστημα πόντων με βάση την κατανάλωσή τους, το οποίο τους δίνει πρόσβαση σε άλλα πλεονεκτήματα, κ.λπ.

Ενώ το γράφημα αυτό δείχνει σαφώς τις διάφορες κατηγορίες και στρατηγικές που πρέπει να εξεταστούν για κάθε τμήμα, στην πραγματικότητα δεν είναι πάντα τόσο ξεκάθαρα. Οι πελάτες μπορεί να είναι διασκορπισμένοι στο γράφημα, οπότε απαιτείται περαιτέρω τμηματοποίηση για την ταξινόμησή τους σε μια συγκεκριμένη ομάδα. Συμπερασματικά, υπάρχουν πολλά κανάλια που μπορούν να χρησιμοποιηθούν στην περίπτωσή μας. Για τους υπάρχοντες πελάτες, μπορεί να είναι το τηλέφωνο και τα μηνύματα κειμένου, αλλά στην περίπτωση της ευρύτερης αναζήτησης νέων πελατών, χρησιμοποιούνται επίσης ευρέως η διαφήμιση στα μέσα ενημέρωσης ή οι δημόσιες σχέσεις.

Παράδειγμα 2 – Home-Brico, a priori/a posteriori τμηματοποίηση

Σε αυτή τη δεύτερη μελέτη περίπτωσης, η εταιρεία-στόχος είναι η Home Brico, ένα κατάστημα DIY που θα ήθελε να γνωρίζει και να κατανοεί ποιοι είναι οι σημερινοί πελάτες της, προκειμένου να προσελκύσει άλλους ίδιου τύπου που δεν έχουν ακόμη εκτεθεί στη στρατηγική επικοινωνίας της εταιρείας. Επομένως, ο στόχος στην περίπτωση αυτή δεν είναι πλέον η αφοσίωση των πελατών, όπως συνέβαινε με την Mobile Telecom, αλλά η αναζήτηση νέων προοπτικών.

Προκειμένου να περιοριστεί στο ελάχιστο το κόστος, διατηρώντας παράλληλα την αποτελεσματικότητα της διαδικασίας, ο διευθυντής ζητά από τους πωλητές να καταγράφουν τον ταχυδρομικό κώδικα κάθε πελάτη που έρχεται στο ταμείο του καταστήματος. Με τον τρόπο αυτό, είναι σε θέση να οριοθετήσει την τρέχουσα λεκάνη απορροής.

Συνεχίζοντας τον προβληματισμό της, ορίζει μια νέα θεωρητική περιοχή λεκάνης απορροής- αυτό ονομάζεται a priori τμηματοποίηση. Με βάση την προέλευση των σημερινών πελατών, η Home-Brico καθορίζει την αγορά-στόχο της. Αυτή είναι η κίτρινη ζώνη που περιλαμβάνει τους πελάτες που μπορεί δυνητικά να προσεγγίσει η εταιρεία.

Τώρα ήρθε η ώρα για έναν νέο γύρο τμηματοποίησης. Αυτό ονομάζεται εκ των υστέρων τμηματοποίηση. Γνωρίζοντας τη θεωρητική αγορά, δηλαδή τους δυνητικούς πελάτες στην παραπάνω κίτρινη ζώνη, η εταιρεία θα είναι σε θέση να τους απευθυνθεί, μέσω μιας διαφημιστικής εκστρατείας για παράδειγμα. Οι νέοι πελάτες που ανταποκρίνονται θετικά στο εμπορικό σήμα θα αντιπροσωπεύουν έτσι την πραγματική αγορά της εταιρείας. Αυτή δεν είναι απαραίτητα η θεωρητική αγορά που υπολογίστηκε παραπάνω.

Με την εκ νέου τμηματοποίηση σε δύο φάσεις, μια εταιρεία μπορεί να είναι σίγουρη ότι απευθύνεται στους δυνητικούς καταναλωτές της με μοναδικό και προσωπικό τρόπο. Όπως και στο πρώτο παράδειγμα, συνιστάται ο αυστηρός έλεγχος της απόδοσης της νέας τμηματοποίησης και στόχευσης, για παράδειγμα με τον υπολογισμό του ποσοστού μετατροπής, προκειμένου να εξαχθούν τα κατάλληλα συμπεράσματα.

ΕΠΙΠΤΩΣΕΙΣ

ΠΕΡΙΟΡΙΣΜΟΙ ΚΑΙ ΚΡΙΤΙΚΗ ΤΟΥ ΜΟΝΤΕΛΟΥ

Αν και η εφαρμογή μιας στρατηγικής διαχείρισης πελατειακών σχέσεων αποφέρει ορισμένα οφέλη στην εταιρεία, υπάρχουν αναπόφευκτα ορισμένοι περιορισμοί:

* **προσωπικά δεδομένα.** Η εταιρεία που εφαρμόζει μια προσέγγιση CRM δεν μπορεί να χρησιμοποιεί τα δεδομένα των πελατών κατά το δοκούν. Υπάρχουν πολλοί κανονισμοί, συμπεριλαμβανομένης της ευρωπαϊκής οδηγίας της 24ης Οκτωβρίου 1995 για την προστασία των δεδομένων προσωπικού χαρακτήρα. Σε μια απλουστευμένη εκδοχή, μια εταιρεία δεν μπορεί να συλλέγει όλους τους τύπους δεδομένων, δεν μπορεί να τα χρησιμοποιεί χωρίς τη συγκατάθεση του πελάτη και πρέπει να επιτρέπει την ελεύθερη πρόσβαση και διαγραφή των αποθηκευμένων δεδομένων,

 **ΟΙ ΕΝΝΟΙΕΣ OPT-IN ΚΑΙ OPT-OUT**

Οι έννοιες *opt-in* και *opt-out* συνδέονται στενά με την προστασία των προσωπικών δεδομένων και θα καθορίσουν τον τρόπο με τον οποίο οι εταιρείες θα διαχειρίζονται τη συλλογή δεδομένων.

* Στην περίπτωση *opt-in*, η προηγούμενη συγκατάθεση του πελάτη είναι ρητή, δηλαδή ο χρήστης του Διαδικτύου θα τσεκάρει (ή θα ξετσεκάρει στην περίπτωση παθητικής

opt-in) ένα κουτάκι σε ένα έντυπο για τη χρήση των δεδομένων του για εμπορικούς σκοπούς.

- Η *εξαίρεση* παρέχει μια σιωπηρή συμπεριφορά. Ο χρήστης του Διαδικτύου θα τσεκάρει (ή ομοίως θα ξετσεκάρει στην περίπτωση της παθητικής *εξαίρεσης*) ένα πλαίσιο σε μια φόρμα για να αποφύγει τη χρήση των προσωπικών του δεδομένων. Συνεπώς, εξυπακούεται ότι η συγκατάθεση παρέχεται μέχρι την ανάκληση.

- **λήψη δεδομένων.** Σε σχέση με το πρώτο σημείο, η απόκτηση και η διατήρηση των δεδομένων των πελατών μπορεί μερικές φορές να είναι περίπλοκη. Οι μεγάλες εταιρείες έχουν πλέον εύκολη πρόσβαση σε γενικές πληροφορίες, όπως το όνομα, ο αριθμός ΦΠΑ, η διεύθυνση, αλλά δεδομένα όπως οι προτιμήσεις των καταναλωτών είναι πιο περίπλοκο να αποκτηθούν,

- **ταυτοποίηση πελατών.** Μερικές φορές είναι δύσκολο να εφαρμοστεί μια στρατηγική CRM εάν οι πελάτες δεν είναι αναγνωρίσιμοι ή δεν είναι καθόλου αναγνωρίσιμοι, όπως συμβαίνει συνήθως με τους πελάτες που επισκέπτονται τα πρατήρια: είναι πολυάριθμοι και πολύ διαφορετικοί,

- **το κόστος ενός CRM.** Το κόστος για τη δημιουργία και τη διαχείριση μιας στρατηγικής CRM μπορεί να είναι σχετικά υψηλό, ιδίως εάν η εφαρμογή συνδέεται με ένα πιο παγκόσμιο ERP ή εάν προσφέρει προηγμένες δυνατότητες στατιστικής και υποβολής εκθέσεων,

- **τη συμμετοχή όλων των μελών της εταιρείας στο έργο CRM.** Οι πωλητές και οι έμποροι θα συμμετάσχουν στο έργο αν δουν άμεσο όφελος (π.χ. βελτιωμένη απόδοση).

Διαφορετικά, αν αντιληφθούν μόνο έναν πρόσθετο φόρτο εργασίας, δεν θα δεσμευτούν πλήρως και το έργο μπορεί να κοστίσει περισσότερο από ό,τι θα αποφέρει στην εταιρεία.

ΕΠΕΚΤΑΣΕΙΣ ΚΑΙ ΣΥΝΑΦΗ ΜΟΝΤΕΛΑ

SRM ή "διαχείριση των σχέσεων με τους προμηθευτές

Το SRM (*Supplier Relationship Management*) είναι, όπως και το CRM, μια στρατηγική για τη βελτιστοποίηση των αλληλεπιδράσεων μεταξύ των ενδιαφερομένων μερών, στην προκειμένη περίπτωση των προμηθευτών. Το SRM διευκολύνει, μεταξύ άλλων, την επικοινωνία (συχνά μέσω αυτοματοποιημένης πληροφορικής), την προμήθεια αγαθών (η οποία μπορεί να γίνει αυτόματη με την ενεργοποίηση συγκεκριμένων ειδοποιήσεων) και, τέλος, την επιλογή, την επιλογή και τη διαπραγμάτευση με τους προμηθευτές.

ERM ή "διαχείριση των σχέσεων των εργαζομένων

Το ERM (*Employee Relationship Management*) είναι παρόμοιο με το CRM, καθώς επιτρέπει τη διαχείριση των ανθρώπινων πόρων μιας εταιρείας: διαχείριση μισθών, πρόσβαση στην ΤΠ, παρακολούθηση της σταδιοδρομίας, προσφορές κατάρτισης και γενική επικοινωνία.

Κοινωνικό CRM

Το κοινωνικό CRM είναι μια εξέλιξη του CRM που δρα στα πιο γνωστά κοινωνικά δίκτυα, όπως το Facebook, το LinkedIn ή το Twitter. Προσφέροντας μια πρόσθετη διάσταση στο παραδοσιακό CRM, η εταιρεία μπορεί να κατανοήσει καλύτερα τις επιθυμίες των καταναλωτών και, ως εκ τούτου, να ικανοποιήσει τις ανάγκες τους με τον βέλτιστο τρόπο.

VRM ή "διαχείριση των σχέσεων με τους προμηθευτές

Η VRM (*Διαχείριση Σχέσεων Προμηθευτών*) είναι μια έννοια που παραμένει σχετικά θεωρητική σήμερα. Γεννήθηκε με την ώθηση των ενώσεων καταναλωτών και επιδιώκει να αφήσει τον πελάτη να επιλέγει και να διαχειρίζεται ο ίδιος τις εταιρείες με τις οποίες συναλλάσσεται. Όπως ακριβώς μια εταιρεία διαθέτει ένα CRM που περιέχει έναν κατάλογο των πελατών της, των υποψήφιων πελατών της και ενδεχομένως των χαμένων πελατών της, έτσι και ο καταναλωτής διαθέτει έναν κατάλογο των καταστημάτων στα οποία συχνάζει και άλλων που θα μπορούσαν ενδεχομένως να τον ενδιαφέρουν, επιτρέποντάς του να διαχειρίζεται ο ίδιος τις πληροφορίες του, ιδίως τα προσωπικά του δεδομένα.

ΣΥΝΟΠΤΙΚΑ

* Το CRM, ή Διαχείριση *Πελατειακών Σχέσεων*, αναφέρεται σε όλα τα εργαλεία και τις τεχνικές που χρησιμοποιούνται για τη διαχείριση και τον εμπλουτισμό των σχέσεων με τους σημερινούς, πρώην και μελλοντικούς πελάτες μακροπρόθεσμα.

* Το ομώνυμο εργαλείο πληροφορικής καθιστά δυνατή τη διαχείριση μεγάλου αριθμού πελατών – και των δεδομένων τους – απευθυνόμενος σε αυτούς προσωπικά.

* Το CRM ενισχύει τη σχέση με τον πελάτη μέσω διαφόρων ενεργειών:

  ○ τμηματοποίηση των πελατών σε μικρές ομοιογενείς ομάδες που επιτρέπει στην εταιρεία να τους γνωρίζει καλύτερα και να προσαρμόζει ανάλογα την ομιλία της. Οι πιο συχνά χρησιμοποιούμενες μεταβλητές είναι οι γεωγραφικές, οι εταιρογραφικές, οι κοινωνικοδημογραφικές, οι συμπεριφορικές, οι κοινωνικοοικονομικές και οι ψυχογραφικές,

  ○ διατήρηση των υφιστάμενων πελατών. Δεδομένου ότι η διατήρηση των καταναλωτών είναι λιγότερο δαπανηρή από το να κερδίζουν νέους, οι εταιρείες έχουν κάθε συμφέρον να εφαρμόσουν μια στρατηγική CRM (buying loop),

  ○ Αναφορά δεδομένων, δηλαδή υπολογισμός και ανάλυση πολυάριθμων βασικών δεικτών επιδόσεων (KPI), που παρέχουν συσχετίσεις και άλλα στατιστικά στοιχεία για την υποστήριξη της καλύτερης διαχείρισης των επιχειρήσεων σε συνδυασμό με τη βέλτιστη λήψη αποφάσεων (ελαχιστοποίηση των κινδύνων).

- Τα οφέλη είναι σημαντικά. Διευκολύνοντας τη διαχείριση μεγάλου αριθμού πελατών – που συνεπάγεται προνομιακή και εξατομικευμένη επαφή με καθέναν από αυτούς – το CRM συμβάλλει στη βελτίωση της ποιότητας των υπηρεσιών και της εξωτερικής επικοινωνίας, γεγονός που μεταφράζεται σε αύξηση του καθαρού κέρδους ανά πελάτη και αύξηση του κύκλου εργασιών.

- Ωστόσο, το μοντέλο έχει τους περιορισμούς του. Μια εταιρεία δεν μπορεί να χρησιμοποιεί όλα τα προσωπικά δεδομένα όπως επιθυμεί: υπάρχουν κανονισμοί για την προστασία των καταναλωτών και των πληροφοριών τους. Οι πελάτες δεν είναι πάντοτε αναγνωρίσιμοι, γεγονός που επίσης εμποδίζει το CRM, και μπορεί να είναι πολύ δαπανηρή η εγκατάσταση και η συντήρησή του. Τέλος, η απόκτηση δεδομένων όπως οι προτιμήσεις των καταναλωτών μπορεί να είναι χρονοβόρα.

- Συνδεδεμένο με το CRM, το ERP ή "προγραμματισμός επιχειρησιακών πόρων", επιτρέπει τη συγκέντρωση όλων των σημαντικών λειτουργιών μιας εταιρείας σε μια εφαρμογή με ενιαία βάση δεδομένων. Η ERM επιτρέπει τη διαχείριση των ανθρώπινων πόρων και η SRM τη διαχείρισή των προμηθευτών.

ΓΙΑ ΝΑ ΠΡΟΧΩΡΗΣΕΤΕ ΠΕΡΑΙΤΕΡΩ

ΒΙΒΛΙΟΓΡΑΦΙΚΕΣ ΠΗΓΕΣ

ADARY (Assaël), *Évaluez vos actions de communication*, Paris, Dunod, 2008.

ALARD (Pierre), *La stratégie de relation client*, Paris, Dunod, 2000.

AMIDOU (Loukouman), *Marketing des réseaux sociaux*, Boulogne-Billancourt, MA éditions, 2012.

BENNETT (Travis), "7 Types of Market Segmentation", στο *Udemy*, πρόσβαση στις 25 Ιουλίου 2015.

https://blog.udemy.com/types-of-market-segmentation/

C-RADAR, "Firmography, an intelligent tool for understanding, identification, verifying and detecting", στο *C-Radar*, πρόσβαση στις 25 Ιουλίου 2015.

http://www.c-radar.com/2014/09/firmographie-outil-intelligent-comprendre-identifier-verifier-detecter/

DELERS (Antoine), *Le principe de Pareto*, Namur, Editions Lemaitre Publishing, 2014.

DIVARD (Ronan), *Le marketing participatif*, Παρίσι, Dunod, 2010.

GHANNAM-ZAIM (Ouaffa), "La segmentation", στο *Institut Supérieur du Commerce et d'Administrations des Entreprises*, πρόσβαση στις 25 Ιουλίου 2015.

http://fr.slideshare.net/enams90/la-segmentation-en-marketing

HARVARD, "Project VRM", στο *Cyber Law Harvard*, πρόσβαση στις 25 Ιουλίου 2015.

http://cyber.law.harvard.edu/projectvrm/Main_Page

Krebs (Geneviève), *Nouvelles pratiques client-fournisseur*, Saint-Denis-La-Plaine, Afnor, 2004.

LEFÉBURE (René) και VENTURI (Gilles), *Gestion de la relation client*, Παρίσι, Eyrolles, 2004.

McMahon (Chuck), "The 16 Marketing KPIs You Should Be Measuring (But Probably Aren't)", στο *VTL Design*, πρόσβαση στις 25 Ιουλίου 2015.

https://vtldesign.com/inbound-marketing/16-marketing-kpis-to-measure/

PEELEN (Ed), JALLAT (Frédéric) και STEVENS (Éric), *Gestion de la relation client. Total relationship management, Big data and mobile marketing*, Paris, Pearson, 2014.

RAO (Srikumar S.), "Diaper-beer syndrome", στο *Forbes.com*, Ιούνιος 1998, πρόσβαση στις 25 Ιουλίου 2015.

http://www.forbes.com/forbes/1998/0406/6107128a.html

Rouse (Margaret), "Customer Relationship Management", στο *TechTarget*, πρόσβαση στις 25 Ιουλίου 2015.

http://searchcrm.techtarget.com/definition/CRM

VAN DESSEL (Gert), "Net Promoter Score", στο *CheckMarket*, πρόσβαση στις 25 Ιουλίου 2015.

https://fr.checkmarket.com/2011/06/votre-net-promoter-score/

ΠΡΟΣΘΕΤΕΣ ΠΗΓΕΣ

BARANZELLI (Stéphane), "Les stratégies de fidélisation", στο *Experian*.

http://www.experian.fr/marketing-services/videos/avis-experts/strategies-de-fidelisation-client.html

Ο εκδότης διασφαλίζει την αξιοπιστία των πληροφοριών που δημοσιεύονται, η οποία όμως δεν μπορεί να αποτελέσει ευθύνη του.

Κύριο ISBN: 9782808664219
ISBN: 9782808671637
Νόμιμη κατάθεση: D/2023/12603/485

Ψηφιακός σχεδιασμός: Primento,
ο ψηφιακός συνεργάτης των εκδοτών.